# RÉFLEXIONS

## SOMMAIRES

### *Sur les Elections*

DU DÉPARTEMENT DU RHÔNE.

PAR UN ÉLECTEUR

*Qui n'est point éligible, et qui ne veut aucune place.*

Le Roi, la Charte.

A LYON,

Imprimerie de J. M. BOURSY, place de la Fromagerie, dans la vieille Maison-de-Ville.

1817.

# RÉFLEXIONS SOMMAIRES

## SUR LES ÉLECTIONS

### DU DÉPARTEMENT DU RHÔNE.

————

Pourquoi, diront mes Collègues Électeurs, pourquoi, dès le début, même dans l'intitulé, annoncer que l'on n'est point éligible, et que l'on ne sollicite aucun emploi ? A cette question, on répond que l'on suppose toujours à celui qui se met en évidence par un bon ou un mauvais écrit, soit des vues ambitieuses, soit, pour s'exprimer trivialement, de l'intrigue. Si on commence ainsi, c'est pour vous garantir de cette impression défavorable. — Mais enfin, quel est donc votre but ? — Celui de tous les propriétaires et de la généralité des électeurs : d'obtenir la paix inté-rieure par un bon choix. Pour y parvenir facilement, consultons le passé ; qu'il nous donne d'utiles leçons, et qu'il nous éclaire sur les nominations actuelles.

Après le trimestre de désastre, époque fatale où l'Etat faillit succomber, notre Roi légitime, notre père, notre législateur, nous

fit don, pour la seconde fois, de sa charté,
de cette grande charte, monument éternel
de sagesse et de bonté. Pour la mettre en
exécution, on convoqua de toutes parts les
colléges électoraux, et de toutes parts, la
nation qui ne conserve pas toujours le *medium*, nomma généralement des personnages
titrés pour sa représentation. C'était, sans
doute, un hommage rendu à leur dévouement:
mais on serait bien malheureux si on pen-
sait qu'il n'y a de partisans de la monarchie légitime, que dans cette classe.

Les cinq sixièmes de ce corps législatif
furent donc composés d'hommes titrés. Ils
ne tardèrent pas à prouver qu'ils ne se
considéraient pas comme les représentans
de la nation, mais de leur classe. Leurs
premiers actes furent pris d'abord pour un
zèle exagéré; mais bientôt ils se montrèrent
à découvert : sans égard pour les ordres éma-
nés du trône, ils prirent l'initiative, et en
sens inverse, ils marchèrent sur les traces
de cette trop fatale assemblée connue sous
le nom de Convention. Deux fois le premier
corps de l'Etat les improuva publiquement :
léçons inutiles ; l'aveuglement était à son
comble, lorsque l'ordonnance du cinq Septembre termina cette lutte par un coup

d'Etat. Ordonnance célèbre qui sauva la France, et répandit l'allégresse générale! Malheureusement elle ne fut point universelle; car une minorité coupable et factieuse, déjouée dans ses projets, se livra dès-lors à des excès dans tout le Royaume. Elle a un système uniforme; en public, elle prodigue les épithètes les plus injurieuses contre un des premiers serviteurs du Monarque, dont le crime est d'assurer l'exécution ponctuelle de cette charte qui les fait frémir de fureur; et dans les conciliabules secrets, c'est contre le père de la patrie lui-même qu'elle ose blasphémer. On le conçoit aisément; cette minorité voulait une monarchie exclusivement pour elle, avec des attributions sans nombre. Ainsi, de serviteurs zélés qu'ils paraissaient être dans l'origine, ils se sont métamorphosés en factieux. On reprend l'ordre des faits, interrompu par cette digression.

Après l'ordonnance du 5 Septembre, on convoqua les colléges électoraux, pour procéder à la formation du nouveau corps législatif. Cette fois, les vues du Monarque furent en partie remplies; car le corps législatif fut composé d'un nombre assez grand d'hommes modérés, voulant sincèrement maintenir le grand œuvre de la charte.

O vous, qui avez pu douter un instant de l'urgence de l'ordonnance du 5 Septembre et de son utilité, lisez, et comparez les discussions de cette assemblée avec la précédente. D'une part, passion, confusion, délire, et même oubli du Souverain; de l'autre, liberté, soumission, et respect religieux envers le trône.

Le père d'une nombreuse famille convoque ses enfans, il leur soumet quelques questions relatives à ses affaires. Ah! jamais dans les délibérations, ils n'oublieront qu'ils ne sont réunis que par sa volonté, et qu'ils ne doivent répondre que sur les questions présentées; parce que leur père est, par les lois et la nature, le chef suprême de la famille.

Voilà l'image du corps législatif: il attend avec calme du chef de l'Etat, la question dont il doit s'occuper, ou il supplie humblement qu'on lui présente tel article qu'il croit nécessaire; il discute avec une entière liberté sur les points soumis à sa décision; et la loi rendue, le silence le plus absolu devient le précurseur de l'obéissance la plus entière. S'il prend l'initiative impérativement, il s'écarte de la ligne constitutionnelle, il tend à commencer une commotion politique, dont il est difficile de calculer les résultats..... Dans cette hypothèse , nous n'avons rien à appréhender. Les moyens de répression sont entre les mains du Souverain.

Voilà les principes consacrés par la charte, et préservateurs de toute révolution. O vous, mes Collègues du collége électoral , qui avez parcouru vingt-six années de votre carrière dans la tourmente révolutionnaire, qui connaissez tout le prix de la paix , de cette paix intérieure , qui au-dehors fait la force de l'Etat, comme elle en assure la prospérité au-dedans ; réunissons - nous pour porter à la dignité de nos représentans, sans acception de rang ou de fortune, de patricien ou de plébéien , les hommes qui ont constamment professé ces principes ; qui tenant un juste *medium* entre les extrêmes toujours dangereux, se sont distingués par leur amour pour le Roi, ainsi que par leur zèle à observer sa charte.

Que les *exagérés* , ces hommes qui se targuent d'un zèle outré pour renverser notre arche d'alliance, soient irrévocablement exclus ; que la même exclusion frappe sur ceux qui oseraient jeter un regard sur la fatale époque de notre histoire, en rappelant des souvenirs odieux. Anathème à ces deux extrêmes ; ils sont également dangereux, et peut-être prêts à se réunir pour renverser l'ouvrage qu'ils abhorrent. Placez sur une ligne droite , à chaque bout , les noms des deux factions ; faites de la ligne droite un cercle , et les extrêmes se toucheront.

Les colléges électoraux de la cession dernière ont commencé à composer le corps législatif de sujets dévoués au Roi et à sa charte : achevons cet ouvrage ; plus de mélange , point de parties hétérogènes ; qu'un premier succès obtenu , soit un encouragement pour parvenir au mieux : admission pour les constitutionnels , exclusion absolue pour tous autre.

Mais , direz-vous , comment distinguer le constitutionnel de l'exagéré ? tous deux portent la même couleur , tous deux ont la même exclamation ; cette exclamation révérée de *Vive le Roi !* —

Le premier est tranquille , il a ce qu'il désire et ne s'agite plus. C'est dans son cœur que l'image du Roi est gravé ; et c'est avec respect qu'il parle de ses ministres. Convaincu de cette vérité , que l'union fait la force , tous les Français sont pour lui des amis qu'il désire réunir autour du trône ; s'il parle de nos anciennes erreurs , c'est comme avertissement , sans application injurieuse à telle ou telle personne. Même manière d'agir, s'il est en place. Il veille à la garde du trésor qui lui est confié, et tempère toute la sévérité de son ministère par la modération et la justice. Pénétré de toute la force de ce mot *amnistie* , il sévit contre le coupable du moment , sans retour sur le temps passé. Telle est l'auguste volonté du Roi qu'il exécute. Ah ! que les fonctions publiques soient remplies par de tels hommes ; et bientôt il n'y aura qu'un concours général d'actions de grâces pour le Monarque auteur d'un si grand bienfait.

C'est parmi ces hommes publics ou privés , qui ont tenu cette conduite, qui ont professé ces principes, que nous devons choisir nos députés ; ceux-là seuls méritent notre confiance ; ceux-là seuls, ayant toujours pour point de mire la charte, nous préparent un avenir heureux.

L'exagéré au contraire déclare hautement que la charte est inutile : voici son système général de conduite pour la détruire ; qui en entend un, les entend tous.

Vociférations universelles en public contre un des premiers serviteurs du Roi, et en particulier contre le Souverain lui-même. Comme l'exagéré désire un boulversement, il ne voit et ne parle que conspiration ; il n'y a jamais assez de victimes et d'échafauds dressés ; tous ceux qui ne partagent pas son opinion sont des Fédérés et des Jacobins. Est-il en place, il double les postes, fatigue les citoyens par des marches et contre-marches dont il connaît l'inutilité, et cela pour prouver que tout n'est pas terminé, et que nous sommes encore en révolution, parce qu'il en désire une quelconque. Enfin, dans son délire, qui sait si, à force de rêver conspirations il ne finira pas par en créer..... On n'entend faire ici aucune application locale, sa tactique a été la même par tout le royaume.

Voici le but des directeurs de la faction : semer de toutes parts des germes d'insurrection, les mettre en mouvement et tout bouleverser, pour prouver au Roi que la charte donnée au peuple Français ne lui convient pas, que le mécontentement est général, et que de toutes parts il y a des insurrections ; qu'il doit donc régner par sa toute-puissance, et rendre à la classe, seul appui du trône, ses antiques prérogatives.

On conçoit alors que la faction a dû profiter habilement des circonstances difficiles opérées par la rareté des subsistances.

Si l'exagéré est envoyé en mission extraordinaire, il quintuple les vexations afin d'augmenter le nombre des mécontens, et de préparer des germes d'insurrection. Est-ce parmi de tels hommes que nous choisirons nos mandataires? C'est déjà un grand fléau de les voir occupant des emplois : ils ont trompé le Souverain par un faux zèle.

Nommerons nous pour nos mandataires, ces hommes titrés qui déclarent publiquement qu'ils n'ont point renoncé à leurs anciens droits, créent des procès, et font trembler la population des campagnes à quatre à cinq lieues autour de leurs châteaux? La mission serait trop pénible, on les placerait entre l'intérêt et le devoir, et quel serait le sacrifié?

Porterons-nous ceux qui à peine sortis de la classe plebéienne, ne se font remarquer que par leur exagération ?

Ah ! si, comme dans l'antiquité, on vôtait facilement l'honneur d'une statue, elle serait ainsi érigée :

Un coffre-fort d'une immense dimension formerait le piédestal , au-dessus un buste imperceptible , avec cette inscription : *Chacun suivant son mérite.*

Rejetons également ces hommes aigris par

les reproches continuels qu'ils éprouvent, et qui n'étant pas toujours maîtres de faire taire leur ressentiment contre la raison, croiraient devoir ajouter aux garanties que la charte nous offre et à laquelle il ne faut plus toucher.

C'est peine inutile que de caractériser les différentes espèces de candidats. Notre choix ne peut porter, on le répète, que sur ceux qui par leurs discours et leurs actions, ont prouvé leur attachement au Roi et à la charte, sans distinction d'aucune classe.

Le collége électoral du Rhône nomma dans sa dernière session un homme titré, parfaitement constitutionnel. S'il s'en trouve encore un dans cette classe, qu'il soit nommé.

Gloire et respect à cette noblesse formant le premier corps de l'état : son dévouement pour le Monarque, son respect religieux pour la charte, la rendent digne du poste éminent qu'elle occupe.

Gloire et respect également à cette autre partie de la noblesse, qui n'ayant pour le moment aucun emploi, est néanmoins satisfaite des droits honorifiques attachés à sa naissance, et reste en harmonie parfaite avec l'ordre de choses actuel.

Les droits honorifiques ne sont pas une charge pour l'Etat, ils ne fatiguent personne, et deviennent un encouragement pour tous.

Les *privilèges* au contraire ne peuvent s'obtenir qu'en affaiblissant l'autorité royale, qu'au détriment du trésor, et en froissant la généralité de la nation ; et considerés sur tous les rapports, ils sont odieux.

Les opposants qui rêvent encore *privilège*, sont de grands enfans qui ne sont point en harmonie avec leur siècle. Vingt-six années de révolution sont perdues pour eux , ils sont incapables de calculer la marche des temps et des royaumes.

Electeurs mes Collègues , voulez-vous connaître enfin le mot de l'énigme et le motif de l'opiniâtreté de ces hommes à anéantir la charte ?

Avec la charte , pour rendre une loi , il faut qu'elle passe par la triple filière du Souverain, du Corps Législatif et de la Pairie. Ah ! si le mot *privilège*, onéreux à l'état et odieux par lui-même, ne peut pas se prononcer ; *à fortiori* , ne soutiendra-t-il pas une discussion publique..... Eclairés sur leurs véritables intérêts, *ces messieurs* sont parfaitement convaincus que la charte est l'exclusion absolue de tout *privilège*. Voilà la cause, l'unique cause de leurs clameurs et de leur conduite publique.

( 14 )

Avec un roi sans charte, si le trône n'était
plus occupé par un homme sage, dans
un temps ou dans un autre on obtiendrait
facilement une ordonnance portant telle et
telle prérogative, le lendemain une autre, et
d'ordonnance en ordonnance, de privilège en
privilège, en peu de temps on rétrograderait
de plusieurs siècles.

Telle est la cause du désir qu'ils manifestent
d'un *roi sans charte*, et, chose fort plaisante,
c'est que l'ignorance avec sa courte vue, grou-
pée autour d'eux, paraît dire *Amen*.

La charte est la loi constitutionnelle de
l'Etat ; celui qui ose dire un *roi sans charte*
profère un cri de sédition, aussi dangereux
que celui que les tribunaux ont puni naguère ;
il se place en rebellion ouverte avec son roi.

Quant à vous plebéiens, qui, contre vos
intérêts, osez tenir le même langage ; si, préve-
nus, vous ne changez pas et ne revenez pas à
la raison, on peut vous déclarer incurables, et
de suite mettez-vous à genoux, recevez humblement le bât que l'on vous destine, et pré-
parez-vous à en éprouver les accessoires ; vous
êtes réellement dignes d'un tel honneur !

*Légitimité et Charte !* . . . La légitimité est
la première base de toute monarchie, notre loi
la plus ancienne et la plus inviolable. Elle est

le *palladium* de la nation, comme le seul préservatif des révolutions aux changemens de règne.

La charte est un rocher de diamant, qui, réunissant l'éclat à la solidité, place le trône sur des bases inébranlables.

*Vive le Roi, vive la Charte !* voilà notre cri de joie, voilà notre mot d'ordre. Ces deux mots sont indivisibles; l'un fait la force de l'autre. On ne cessera de les répéter, parce que c'est l'unique but de cet écrit; ce sont ceux qui prennent cette devise, ceux qui agissent en conformité, qui méritent exclusivement notre confiance et d'être nommés nos mandataires.... Il n'existe plus pour tout véritable Français que cette ligne droite, tout ce qui est au-dessus ou au-dessous, est dangereux et devient faction.

O mon Roi ! c'est dans le cœur de la généralité des Français que vous régnez actuellement, et ce règne sera célébré par la postérité, qui vous placera dans le temple de mémoire avec la couronne d'immortelle.

Rome a dû en grande partie sa célébrité aux institutions civiles et religieuses de son second fondateur : institutions qui lui imprimèrent ce caractère de grandeur qui en fit par la suite le premier peuple de l'univers. Il fut roi, pieux, et législateur. Vous réunissez ces trois titres, et après nos dissensions civiles votre charte, cette charte immortelle, chef-d'œuvre de législation, nous imprimera aussi un caractère de force et de grandeur qui nous rendra avec éclat le rang que nous devons occuper parmi les nations. Si les malheurs du temps vous obligent à entreprendre ou soutenir la guerre, elle sera juste; vos principes religieux en sont la garantie...... Et alors le dévouement le plus universel vous prouvera avec efficacité qu'il vaut mieux régner sur la nation que sur une puérile minorité en opposition, qui s'efforcera en vain d'arrêter les effusions de notre reconnaissance, comme notre cri d'allégresse : *Vive le Roi, vive la Charte !*

BURTIN, Avocat et Électeur
du département du Rhône.